Edgard GUILBAULT

CHANTS

DU MATIN

POÉSIES

DEUXIÈME ÉDITION

PARIS

EN VENTE CHEZ TOUS LES LIBRAIRES

1873

CHANTS DU MATIN

—

POÉSIES

Edgard GUILBAULT

CHANTS

DU MATIN

POÉSIES

DEUXIÈME ÉDITION

PARIS

EN VENTE CHEZ TOUS LES LIBRAIRES

1873

Roanne, imp. G. Bonneton, place de l'Hôtel-de-Ville.
Maison à Paris rue Sainte-Foy, 18.

DÉDICACE A MON PÈRE

Mon père, à toi j'offre ces vers :
Ils ne sont qu'un faible murmure,
Et des beautés de la nature,
Et des splendeurs de l'univers.

J'aime et je chante les prés verts,
Et les fleurettes, leur parure,
Et les oiseaux à la voix pure,
L'amour et mes rêves divers.

De tes angoisses politiques
Si mes boutades poétiques
Pouvaient un peu te délasser,

Je serais payé de ma peine.
S'ils te plaisent, qu'il te souvienne,
Que je pourrais recommencer.

2 mai 1872.

CHANTS DU MATIN

FAUT-IL ENCOR CHANTER, FAUT-IL ENCORE ÉCRIRE ?

Faut-il encor chanter, faut-il encore écrire ?
France, ton cœur saignant de nos derniers revers
Peut-il encore battre aux accords de la lyre ?
Peut-il, peut-il toujours s'animer à nos vers ?

Cicatrise ton sein, renais à l'espérance ;
Garde comme leçon, garde ton souvenir.
Que chacun de ses fils travaille pour la France,
Que ce triste passé serve pour l'avenir.

A l'œuvre collective apportons notre tâche ;
Par degrès de l'histoire effaçons nos affronts,
Lavons dans le progrès cette sanglante tache
Qu'un ennemi barbare imprima sur nos fronts.

Pour nous régénérer, que chacun dans sa sphère
Utilise sa force et son activité ;
Aux champs comme à la ville, aidons tous à refaire,
Français, nos lois, nos mœurs, notre vitalité.

Pour le pays meurtri, la main et la pensée,
Le bras, l'âme et le cœur, tout chez nous doit agir ;

Dans un effort commun la patrie élancée;
Plus grande que jamais du chaos doit surgir.

Pour outil, le poëte a des flots d'harmonie,
Eh bien! puisque c'est là ton moyen d'action,
A ce travail de tous apporte ton génie,
Instruis, poëte, instruis : voilà ta mission.

Va sans crainte à ton but ; poète, chante encore.
Prête, prête l'oreille au souffle inspirateur,
Que ce réveil de l'art d'un beau jour soit l'aurore ;
Lance pour éclairer ton rayon enchanteur.

Poëte. anime-toi ; sous tes brillantes formes,
Mets une idée et fais tressaillir à ta voix ;
Consacre ton talent à l'esprit de réformes ;
Ton chant doit être utile et beau tout à la fois.

Poëte, chante, chante et verse goutte à goutte
Le baume de ton art dans notre cœur lassé ;
Livre-nous ton génie et montre-nous la route
De l'avenir qui doit effacer le passé.

Octobre, 1871

LE CHANT DU COQ.

J'aime à rêver la nuit perdu dans un vallon,
A promener mes pas au bord de la rivière,
A fouler sous mes pieds la mousse et la bruyère,
A livrer en marchant mes vers à l'aquilon ;
J'aime à l'heure où tout dort, à l'heure où tout repose,
Dans l'ombre et le silence errer sans but, sans cause.

Solitaire, pensif, je revois le passé ;
Je ravis à l'oubli les scènes du jeune âge ;
Mes souvenirs d'hier et le plaisir volage,
Tout ce qui m'a souri, tout ce qui m'a lassé.
Mais tout-à-coup le chant du coq dans l'air s'élève ;
Je l'écoute, il reprend et j'interromps mon rêve.

Solitaire, pensif, je jouis du présent ;
Les tiges des ormeaux à tous vents sont bercées ;
De même je jouis de sentir mes pensées
Se perdre, revenir, s'enfuir avec le vent ;
Mais tout-à-coup le chant du coq dans l'air s'élève ;
Je l'écoute, il reprend et j'interromps mon rêve.

Solitaire, pensif, au sein de l'avenir,
Sur les ailes du temps, mon cœur vole et s'élance,
Tout cède, tout s'entr'ouvre aux cris de l'espérance,
Je tiens déjà l'amour, la gloire, le plaisir..,..
Mais tout-à-coup le chant du coq dans l'air s'élève;
Je l'écoute, il reprend et j'interromps mon rêve.

Ainsi le chant du coq, d'heure en heure entendu,
A la réalité me rappelle sans cesse,
Et lui seul interrompt ma joie ou ma tristesse ;
Il indique, ce chant dans le lointain perdu,
Que sous le lourd sommeil de la nature entière,
La vie est encor là : l'ombre attend la lumière.

11 mars 1870.

SOUHAITS A MADEMOISELLE FÉLICIE CARRÈRE.

âgée de 10 mois.

Pour cette belle enfant, idole de sa mère,
Pour cette belle enfant, caresse du matin,

1.

Puisse une bonne fée écouter ma prière,
Puissé-je de ma voix attendrir le destin.

Que naissent sans douleur les perles de ta bouche.
Que ta langue bientôt dise des mots nombreux,
Que des songes légers voltigent sur ta couche,
Et que ton joli nom soit d'un présage heureux.

Garde toujours, enfant, sur ta lèvre rosée,
Garde ce frais sourire, écho de ton bonheur,
Qui dans mon âme éveille une douce pensée,
Et qui fait de ta mère, enfant, battre le cœur.

Et comme aujourd'hui blonde, et comme aujourd'hui
Petit ange adoré, grandis loin des douleurs,
Brille, brille toujours comme une fleur nouvelle,
Et que ton œil ne soit jamais mouillé de pleurs.

Tarbes, juillet 1871.

PIERRE.

Au sein d'une verte prairie,
Où serpentent mille ruisseaux,
Sur l'herbe odorante et fleurie
Folatraient de petits agneaux.

Ils suçaient les mamelles blanches
Que venaient offrir les brebis ;
Les oiseaux volaient sur les branches
En gazouillant autour des nids.

Les brises étaient embaumées.
A peine éclos, les papillons,

Avec leurs ailes diaprées,
Enfants de nos belles saisons

Se posaient dans le sein des roses
Resplendissantes de beauté,
Dont les feuilles, à demi-closes,
Souriaient à la volupté.

Sous un vieux chêne, une bergère,
Jeune fille de dix-sept ans,
Gardait le troupeau de son père,
Et souriait au doux printemps.

Au gré du vent qui les dénoue,
Les boucles de ses noirs cheveux
Glissaient errantes sur sa joue,
En ombrageant ses doux yeux bleus.

C'était en avril, l'aubépine
Partout embaumait les chemins ;
Une fleur simple, une églantine
Fraîche cueillie, ornait ses mains.

Ses pieds foulaient l'herbe et la mousse,
Ses yeux oubliaient ses troupeaux,
Sa voix mélancolique et douce
Au vent du soir livrait ces mots :

« Le soleil sur les monts se couche.
« On entend le dernier soupir
« De l'oiseau posé sur sa couche,
« Pierre tarde bien à venir.

« La nuit va couvrir la nature,
« Les laboureurs quittent les champs,

« L'insecte en s'endormant murmure,
« J'écoute et n'entends point ses chants.

« L'ombre s'étend sur la prairie,
« La lune au ciel va se lever ;
« La fleur que pour lui j'ai cueillie
« Entre mes doigts va s'effeuiller. »

Mais au penchant de la colline,
Un chant dans l'air a retenti ;
Bergerette, ton églantine
Embellira ton jeune ami.

« Pierre, tu t'es fait bien attendre,
« Qui t'a si longtemps retenu ?
— « Un oiselet que j'allai prendre
« Au nid, dans le chêne touffu. »

Et sur le cœur de la bergère.
Bientôt l'oiselet gazouilla ;
La fleur orna le sein de Pierre,
Et le bonheur les visita.

Septembre 1869.

LE SOUVENIR

SONNET.

Qui n'aime à remonter vers le temps qui n'est plus,
A retracer le cours de ses jours révolus?
Au bord de l'océan, parfois dans un mirage,
On voit tout près de soi quelque lointain rivage.

Par un semblable effet, qui ne les a revus,
Les bonheurs d'autrefois qu'on avait crus perdus ?
Par le rêve embellis, les plaisirs du jeune âge
Forment dans la pensée une brillante image.

Dans l'âme rien ne meurt. Notre premier amour,
Si plein d'illusions à son premier beau jour,
Si doux, si tendre auprès de la fidèle amie,
Assoupi par le temps a des charmes encor ;
Ce n'est plus un regret, c'est toujours un trésor ;
L'âme sans ce souvenir est une âme sans vie !

Février, 1870.

LE ROSIER.

Comme avec ses jouets sans vie et sans douceurs,
    L'enfant joue avec la nature,
Au coin du jardin plante et replante des fleurs,
    Orne sa tête de verdure,

Sème le grain de mil, et cueille sans pitié
    Le bouton et la belle rose ;
Pas un brin d'herbe n'a longtemps son amitié,
    Il l'aime, et puis le fuit sans cause.

A nos premiers ébats la campagne sourit,
    Le monde ensuite nous entraîne,
Puis nous venons au bois retremper notre esprit,
    Rêver au bord de la fontaine.

J'aimais, je l'avouerai sans honte, les plaisirs
    Trop ignorés du jardinage.

Chaque plante fleurie, objet de mes loisirs,
    Dans ma vie était une page.

Mon jardin n'était pas mon unique souci ;
    Une gracieuse fillette,
Charmante et douce enfant, m'intéressait aussi,
    Autant et plus qu'une fleurette.

Entre ces deux amours se prodiguaient mes soins,
    Amours passés et chers encore.
De mon bonheur caché mes fleurs étaient témoins
    Avec le reflet de l'aurore.

A côté de l'enfant je souriais le soir,
    Je souriais, j'aime à le dire,
La séparation était un désespoir,
    Le retour un nouveau sourire.

Elle me demanda mon rosier le plus beau.
    Pouvais-je éluder sa prière ?
Et je savais pourtant que c'était un tombeau
    Que j'allais creuser pour lui plaire.

Les feuilles et les fleurs de l'arbuste épineux
    Toutes furent bientôt fanées,
De langueur le rosier périssait à mes yeux :
    Il mourut en quelques journées.

Tel fut aussi le sort de mon affection,
    Chaque jour elle était moins tendre ;
Moins haut chaque matin je murmurais son nom
    Et moins souvent j'allais l'attendre.

Comme mon beau rosier, périssant de langueur,
Elle s'éteignit feuille à feuille ;
Je n'ai plus aujourd'hui qu'un rayon de bonheur
Que dans mon souvenir je cueille.

Mars, 1870.

ON MÉPRISE LE SUCCÈS.

SONNET

On méprise le succès
Sur un ennemi sans armes,
Et les plaisirs sans alarmes
Sont des plaisirs incomplets.

L'amour qui n'a pas de larmes
Ne laisse point de regrets ;
La douleur a ses secrets,
Les pleurs ont souvent des charmes.

L'amour vrai, c'est un soupir !
Aimer, ce n'est que souffrir,
A l'âme douce souffrance !

Pour compagnons, de tout temps,
L'homme eût ces deux sentiments :
Des regrets et l'espérance.

Février, 1870.

LA CHOUETTE.

Silence ! cette nuit la chouette a crié !
Ah! silence! elle pousse encor ses cris funèbres !
Silence ! car la mort erre dans les ténèbres !
La chouette l'a dit ; les vieilles ont prié.
La mort te suit de près, sinistre oiseau de proie,
Son approche ravive et tes cris et ta joie ;
La mort te suit de près.. ... Qui va-t-elle frapper ?
Qui de nous, cette nuit, s'en vient-elle surprendre,
Et sous quel toit son spectre hideux va-t-il descendre ?
Parle, funeste oiseau, peux-tu nous l'annoncer ?

Silence ! car la mort erre dans les ténèbres !
Silence ! cette nuit la chouette a crié !
Ah ! silence, elle pousse encor ses cris funèbres !
L'écho les a redits, les vieilles ont prié.
Une ange de quinze ans, simple comme l'enfance,
Pâle comme un linceul et belle d'innocence,
Languit, souffre, s'affaisse et bientôt va mourir ;
Elle n'a pas vécu..... l'espérance est ravie !
Ses larmes, ses regrets l'attachent à la vie ;
L'espérance et ses pleurs fuiront dans un soupir.

Précurseur de la mort, chouette aux cris sauvages,
Ton chant a des échos dans les plus faibles bruits,
Ne viens pas nous troubler dans le calme des nuits.
Silence, oiseau fatal, fuis vers d'autres rivages,
Fuis loin de nous et porte aux ombres des cercueils
Ton message de mort, ton présage de deuils.

Puisque c'est une enfant qui s'éteint avant l'heure,
Va-t-en plus vite encor, car n'est-ce pas assez
De la perdre sitôt, faut-il en sa demeure
Entendre avant sa mort l'hymne des trépassés ?

Silence, elle se meurt ! elle quitte la terre,
Elle pousse un soupir ! Silence, elle n'est plus !
Chouette de malheur, par tes cris superflus
Ne viens pas sur son corps arrêter la prière,
Silence maintenant ! et laisse à la douleur
Le triste et dernier soin de pleurer sur son cœur,
De pleurer sa vertu, de pleurer sa jeunesse,
Nos plaintes, nos sanglots doivent avoir leur cours !
Ton message est rempli, fais place à la tendresse,
Ton message est rempli, silence pour toujours !.....

Mai, 1870.

LA POLITIQUE ET L'AMOUR

SONNET

Comme un vaisseau tour à tour
Balloté de lame en lame,
La politique et l'amour
S'entremêlent dans mon âme,

Et je parle chaque jour,
A mes amis de ma flamme,
Du temps fuyant sans retour,
De la France et de la femme.

L'heure court, le passé fuit,
Bientôt l'ombre de la nuit
Planera sur ma jeunesse.

Mais qu'importe le destin,
Si je trouve en mon chemin
Une amante et sa tendresse ?

9 juin, 1869.

ÉCHO.

IDYLLE

Echo, toujours comme autrefois,
Dans le vallon j'aime à t'entendre,
Répéter, gracieux et tendre,
Les plaintifs murmures des bois.

Les plaintifs murmures des bois
Redits à la brise qui passe
Comme un lointain concert de voix,
Mon âme les suit dans l'espace.

Mon âme les suit dans l'espace.
Et mon cœur charmé de nouveau,
Ecoute la brise qui passe ;
Ma bouche dit : Echo, Echo.

Ma bouche dit : Echo, Echo.
J'entends au fond de la vallée,
Mélée au murmure de l'eau,
Ma voix affaiblie et voilée.

Ma voix affaiblie et voilée
Répétée au coteau voisin
Et se perdant sous la feuillée.
Doux écho quel est ton destin ?

Doux écho quel est ton destin?
Ami, que fais-tu sur la terre ?
Ton but n'est-il pas incertain
En cet asile solitaire ?

En cet asile solitaire,
Qui t'a mis là pour nous ouïr ?
N'es-tu qu'une ombre mensongère
Ou comme *nous* dois-tu mourir ?

Ou comme nous dois-tu mourir?
As-tu quelque chose de l'homme ?
Es-tu placé là pour souffrir ?
Des aïeux es-tu le fantôme ?

Des aïeux es-tu le fantôme?
Serais-tu, je le crois aussi,
Sous ce vert et gracieux dôme,
Le songe que j'ai poursuivi ?

Le songe que j'ai poursuivi,
Que vainement ma voix appelle,
Qui jusques-là m'a toujours fui :
L'ombre d'une amante fidèle?

L'ombre d'une amante fidèle.
L'amante, où la puis-je trouver ?

L'ombre partout se renouvelle ;
L'amante où la dois-je chercher ?

L'amante où la dois-je chercher?
Echo, dévoile sa retraite,
Je voudrais poser un baiser
Sur sa bouche rose et discrète.

Sur sa bouche rose et discrète,
Je voudrais ici, près de toi,
Confier mon âme inquiète.
Je voudrais plier sous sa loi.

Je voudrais plier sous sa loi,
Quel est son nom, sa demeurance?
Est-elle fille de la France?
Echo, doux écho, réponds-moi.

Echo, doux écho, réponds moi.

Echo, doux écho, réponds-moi.

Janvier 1870.

AU COIN DU FEU

SONNET

Quand la goutte de pluie en tombant se congèle,
Quand bat sur la fenêtre ou la neige ou la grêle,
Quand siffle l'ouragan et tremble la maison,
O mes amis, au coin du feu comme il fait bon !

L'oiselet a quitté son nid et son buisson,
A des climats plus chauds il porte sa chanson,
Et la nature attend une saison nouvelle ;
Amis, comme on est bien près du feu quand il gèle !

Faites joyeusement passer de main en main
La bouteille remplie avec de bon vieux vin.
Chantez une complainte au foyer de famille.
Posez quelques marrons sous les tisons ardents,
Contez, mais à voix basse, un conte du vieux temps :
J'aime à trembler de peur quand le sarment pétille.

Novembre 1869.

LE HAMAC

C'était, je m'en souviens, à l'automne dernier,
    Quand un beau jour devenait rare,
Quand les feuilles tombaient des bois, quand le rosier
    De pâles fleurs était avare.

De frivoles propos et de folâtres chants
    Vibraient parfois sous les charmilles.
Les vendanges alors attiraient dans les champs
    Garçons plaisants, joyeuses filles.

Sentant fuir le soleil, l'année et les amours,
    La gaîté devenait bruyante,
Comme pour disputer au dernier des beaux jours
    Un reste de joie expirante.

Le soir vint tout-à-coup suspendre les travaux,
    La vigne fut abandonnée.
Attendant le souper, chacun prit du repos,
    Le premier de cette journée.

C'était depuis la veille un moment attendu
    Par un groupe de vendangeuses ;
A l'ombre des tilleuls un hamac suspendu
    S'ouvrit aux fillettes rieuses.

J'avais fait le hamac. J'éprouvais du plaisir
    A voir l'objet de leur caprice ;
Les amusant moi-même, excitant leur désir,
    De leurs jeux j'étais le complice.

Et tout en badinant, je leur dis que le soir,
    Pour Paris, pour la grande ville,
Je partais et n'avais plus qu'une heure à les voir
    Egayer ce charmant asile,

Plus qu'une heure à les voir folâtrer en ces lieux
    Comme de vives hirondelles.
« Déjà, vous nous quittez, Ah ! c'est bien ennuyeux ! »
    Balbutia l'une d'elles.

Les larmes dans les yeux, je lui dis : « il le faut,
    Je pars, adieu pour cette année ! »
Et lui tendant la main, je m'en fus aussitôt,
    Les sens émus, l'âme troublée.

« Ah ! c'est bien ennuyeux ! » Ces mots simples et doux,
    Venant d'une bouche ingénue

Retentisssent encor dans mon cœur, et de vous
Je me souviens, chère inconnue.

Mars 1870.

SONNET

Cet été,
J'ai rêvé,
Caressé
Balancé.

Par la brise,
Qui se brise
Sur l'église
Vieille et grise,

Ecoutant
Le doux chant,
Sur la tige

De l'ormeau,
De l'oiseau
Qui voltige.

Septembre 1869.

(Suite).

SONNET

Mille choses
M'enchantaient;

Bien des roses,
Fraîche écloses ;

Demi-closes,
Se montraient,
Souriaient,
Et s'ouvraient,

Qui cueillies,
Sont flétries
Aujourd'hui.

Tout s'achève,
Et mon rève
A fini.

Octobre 1869.

SAVENNIÈRES

ÉLÉGIE

Qu'on admire Paris, la ville des plaisirs,
Où l'on peut satisfaire en tout temps ses désirs ;
Qu'on admire son luxe et sa magnificence.
Qu'on admire Paris, la reine des cités,
Paris, la capitale et l'orgueil de la France.
Spectacle étourdissant, délirantes gaîtés.
Loin de vous, loin de vous mon âme est entraînée,
Savennières vers toi s'envole ma pensée.

Sur les bords de la Loire, est un bien beau pays
Où l'air frais du matin et la brise des nuits,
Où le chants des oiseaux et la nature entière,
Tout loin des vains plaisirs me promet le bonheur,
Si je pouvais trouver le bonheur sur la terre.

Ce sont ces lieux charmants, ces lieux chers à mon cœur,
Où se sont écoulés les jours de mon enfance,
Que je voudrais choisir pour rêver en silence,
Dans les champs, au milieu des vignes et des blés,
Sur le bord des ruisseaux, sur le gazon des prés,
Sous les chênes touffus de nos bois écartés,
Sur les riants coteaux, effleurés par la brise,
Ecoutant l'angelus de notre vieille église.

Dans ce charmant pays, mon âme en liberté
Sous les verts maronniers qui mollement soupirent,
Trouve tout à la fois poésie et gaîté,
Des souvenirs heureux vers ces beaux lieux m'attirent.

Là, mon esprit ouvert aux plaisirs innocents,
A vu couler les jours de mes jeunes années ;
Comme de belles fleurs, des zéphirs caressées,
S'ouvrent avec l'aurore et le soir sont fanées,
Ainsi se sont fanés les plus beaux de mes ans

1869.

SONNET

L'astre du jour se levait dans les cieux
Lorsque je vis une nacelle agile

2

Se balancer sur l'océan mobile,
La voile au vent et ses marins joyeux.

Le soir tombait. Rêveur, silencieux,
Je vins errer, la mer était tranquille ;
Le frêle esquif sur le sable immobile
Semblait lassé des flots tumultueux.

Ainsi souvent aux beaux jours de l'enfance,
Sur l'océan de la belle espérance
Vogue l'esquif de nos illusions :

De lame en lame, il va déçu, trompé sans cesse,
S'arrête las un jour quand a fui la jeunesse,
Et disparaît enfin aux dernières saisons.

Janvier 1870.

LA DANSE AU VILLAGE.

Le rire est sur tous les visages,
Et la joie est dans tous les cœurs,
Des groupes de filles volages,
De garçons joyeux et rieurs,
Suivent en chantant la vallée ;
Entendez-vous le chalumeau
Qui retentit sous la feuillée ?
Ce soir, c'est la fête au hameau.

Il vous invite, il vous appelle,
Ce chalumeau ; venez danser.

Cessez vos chants ; la ritournelle
Est déjà prête à commencer.
La nuit à la danse est propice,
L'étoile vous sourit des cieux,
Son éclat sera le complice
Et non l'espion de vos jeux.

La musique vive et joyeuse
Anime la voix du désir ;
Chacun entraîne sa danseuse
Au sein du bal qui va s'ouvrir ;
La valse, enivrante et légère
Porte les danseurs dans ses bras,
Leurs pieds ne touchent plus la terre ;
Plus ils tournent moins ils sont las.

Le mouvemeut est. plus rapide,
La robe se plisse à demi,
La bouche de la plus timide
Déjà sourit à son ami ;
Les yeux parlent, la main se presse,
On soupire quelques doux noms,
La gaîté, le plaisir, l'ivresse
Volent en légers tourbillons !

Note par note dans la brise
Le son du chalumeau se perd ;
Pas à pas la danse les grise,
Le bal à la joie est ouvert.
Au rare et timide sourire
Les doux propos vont succéder ;
Un mot, un mot bien doux à dire
Est là tout prêt à s'échapper.

Sur rien de fixe il ne se pose,
Le caprice l'a couronné,
Mais avant que la bouche rose
L'ait dit, le cœur l'a deviné.
En faut-il dire davantage,
Le connaissez-vous ? c'est l'amour.
Il séduit la fillette sage
Et la coquette tour-à-tour.

Ce Dieu de toute créature,
L'amour dans le bal a paru ;
L'amour, une voix le murmure,
Une autre voix a répondu.
Un autre groupe le répète,
Et d'autres font écho tout bas :
Pas une bouche n'est muette,
L'espoir vole de bras en bras.

Plus d'un baiser furtif se donne,
Et, souriante, la beauté
Le reçoit, le prend, le pardonne :
On s'enivre de volupté.
Et pas un seul regret n'effleure,
Ne trouble le sein du plaisir ;
Ce soir, rapide passe l'heure.
Nul pourtant ne la voit courir.

De l'enivrement de la danse,
Oh ! qu'on ne médise jamais !
C'est un baume pour la souffrance,
Un repos pour les cœurs lassés ;
Laissez s'égayer la jeunesse,
Laissez s'épanouir les cœurs ;

Demain ces danseurs pleins d'ivresse
Redeviendront des travailleurs.

juillet 1870.

A MA BARBE

Salut, duvet soyeux,
Salut, barbe naissante,
Qui chaque jour augmente
En me rendant plus vieux.

Hâte-toi, sois moins lente,
Grandis à tous les yeux.
Parais longue et flottante
Sur mon menton joyeux.

Je serai moins volage,
On me croira plus sage,
Hâte-toi de venir.

Les belles au cœur tendre
Toutes s'y laissent prendre ;
Hâte-toi de grandir.

8 novembre 1869.

LE SERIN

Pauvre serin ! Triste est ta destinée :
Tu nais esclave et tu meurs en prison ;

2.

Sous des barreaux ta vie est enchaînée,
Et cependant tu donnes ta chanson
A l'homme ingrat qui s'égaie et s'enivre
De tes accents. Privé de liberté,
Pauvre serin, comment fais-tu pour vivre
Et gazouiller en ta captivité ?

Pauvre serin, quand tu vois l'hirondelle
Libre, voler et planer dans les airs.
Ne sens-tu pas ta chaîne bien cruelle,
Ne veux-tu pas t'enfuir dans les déserts ?
Lorsque tu vois, cachés sous le feuillage,
Les petits nids des joyeux passereaux,
Ne veux-tu pas t'échapper de ta cage
Et bâtir, libre, un nid sous les rameaux?

Pauvre serin, tu ne sais pas te plaindre ;
Pauvre oiselet ta cage est ton pays ;
L'amour des champs, les fers l'ont fait éteindre,
Tu meurs esclave où sont nés tes petits !
Loin de nos bois ta roulade me charme,
Et cependant pour toi, pauvre serin,
Je ne puis rien.... si ce n'est une larme
Qui de mes yeux tombe sur ton destin.

Mai 1870.

LES DEUX AMOURS

SONNET.

L'amour éclos dans le plaisir
Comme le plaisir est volage ;

Un mot le fait naître et grandir,
Un souffle l'emporte au passage.

Mais l'amour éclos d'un soupir,
Comme la douleur n'a pas d'âge ;
Une larme fut son présage,
Une larme le voit mourir.

L'un se complaît dans la tristesse,
L'autre fuit et revient sans cesse
Au sein du rire et de l'ivresse.

Et moi je choisis pour mon cœur
Celui qui naît dans la douleur ;
La douleur de mon âme est sœur.

Janvier 1870.

FRAYEURS D'ENFANCE

Restes des temps passés, débris des vieux usages,
La croyance aux esprits, la peur des revenants
Règne vivace encor dans le fond des villages.
Nos pères en tremblaient. Dès nos plus jeunes ans,
Nos mères nous ont tous bercés par ces images,
Ces récits merveilleux, ces craintes du vieux temps.

Combien de fois, les soirs d'hiver à la veillée,
Avons-nous entendu, pâles, silencieux,
Ces contes d'autrefois contés par nos aïeux ?
Nous écoutions les yeux en pleurs, l'âme effrayée,

L'imagination tous les jours éveillée
Remplissait l'univers d'êtres mystérieux.

Au déclin d'un beau jour, au lever de la lune.
Nous ne pouvions sans peur errer seuls dans les bois,
Les moindres bruits étaient de gémissantes voix,
La brise qui soupire était une infortune,
Chaque frémissement une plainte importune,
Et la frayeur crispait nos jambes et nos doigts.

Nous ne pouvions sans peur traverser la prairie,
Dans le cri du hibou nous voyions un esprit,
Un objet inconnu dans la plante flétrie,
Un spectre au froid regard dans l'ombre qui nous suit.
De fantômes sans nom la plaine était remplie,
Et nous nous enfuyions éperdus dans la nuit.

Quand parfois nous gardions la chambre solitaire
Des frissons lentement traversaient notre cœur :
Le plancher en craquant inondait de terreur ;
Nous croyions voir sortir de chaque froide pierre
Des ombres, des esprits, éclos dans le mystère,
Et nous chantions très-haut pour étourdir la peur.

Mille vaines couleurs, mille formes tremblantes,
Mille vagues objets, mille lueurs changeantes,
Tour-à-tour s'enfuyaient, renaissaient chaque soir ;
D'étranges visions, un voile sombre et noir,
De rapides éclairs, des clartés vacillantes,
Passaient devant nos yeux comme dans un miroir.

La montagne au lointain était un monstre horrible,
Les nuages au sein des cieux épouvantaient,

Les papillons de nuit en volant nous glaçaient,
Le bruit de la nature était un bruit terrible,
Tout pour nous contenait une forme sensible,
Et partout et toujours nos frayeurs nous suivaient.

Avril, 1870.

A LA LUNE.

Astre des nuits, aimé du voyageur,
Sur l'océan où chante le pêcheur,
Sur les prés verts, sur toute la nature,
Viens étaler ta clarté molle et pure.
Du vent du soir aspirant la fraîcheur,
En été, j'aime à contempler, songeur,
Au loin tes blancs reflets sur la verdure
Et sur le flot qui tendrement murmure.

Dans le sentier tu conduis le passant,
Et sur les mers guides le bâtiment
Loin des récifs où l'attend le naufrage.
Pour méditer j'aime un ciel sans nuage,
Et ton rayon dans la nuit répandu,
Me fait rêver, ô lune, à l'inconnu.

Août, 1869.

LA GRAPPE DE RAISIN.

SONNET

Sous l'épaisse feuillée,
On aperçoit cachée
Une grappe dorée

Qui par une échappée
Voit l'éclat bienfaisant
De l'astre éblouissant,
Dont le rayon brûlant
Rend le fruit jaunissant.

En écartant la feuille,
Je regarde et je cueille
La grappe de raisin ;

Son doux nectar m'enchante,
Et le plaisir augmente
A chaque nouveau grain.

11 septembre, 1869.

LE COUCOU.

IDYLLE

Ernestine et Joseph déjà depuis longtemps
S'aimaient et n'osaient se le dire,

La nature parait les jardins et les champs
De son plus gracieux sourire.

Bras-dessus bras-dessous, un dimanche, un beau jour.
Bercé par une tiède brise,
Notre couple rêveur, égaré par l'amour,
Perdit le chemin de l'église.

La cloche du village annonçait aux échos
L'heure de vêpres ; ils suivirent
Le sentier émaillé de fleurs du bord des eaux,
Et sous un vieux hêtre s'assirent.

Ils ne conversaient pas, mais ils se regardaient,
Par des regards l'amour s'exprime
Mieux que par la parole, et tous deux savouraient
Secrètement leur joie intime.

Dans un taillis voisin s'entendit le coucou,
Son chant, dit-on, est un augure,
Joseph, as-tu sur toi de l'argent ? — Pas un sou,
Vraiment ? — Pas un sou, je le jure.

Comme toi je n'ai rien. Aucun d'entre nous deux,
De l'an n'aura la bourse pleine,
Fatal oiseau, pourquoi sitôt ton cri joyeux
Vibre-t-il au sein de la plaine ?

Ernestine, le chant du coucou dans les bois
Nous a surpris tous deux ensemble ;
Notre bonheur peut-être est prédit par sa voix,
La franche amitié nous rassemble.

Ainsi toute l'année ensemble nous serons,
Le bonheur vaut bien la richesse.
Ecoute du printemps les premières chansons ;
Permets l'aveu de ma tendresse.....

Pour la première fois ils parlèrent d'amour,
Tout souriait dans la nature,
Leur joie et leur bonheur durèrent plus d'un jour,
Le coucou fut d'un' bon augure.

Avril, 1870.

LE MATIN.

SONNET

Le voile de la nuit lentement se soulève
Et la réalité va succéder au rêve :
La nature s'égaie au sortir du repos,
Dans les bosquets touffus gazouillent les oiseaux.

Au bord de l'horizon l'astre du jour s'élève ;
Le pêcheur matinal fredonne sur la grève,
La mouche en bourdonnant voltige sur les eaux ;
Voyez les prés au loin se couvrir de troupeaux.

La goutte de rosée en reflétant l'aurore
Sur la pelousse verte, et brille et s'évapore ;
Plante, insecte, homme, tout vient fêter le réveil ;

La fleur en s'entr'ouvrant sur sa tige s'agite ;
Tout renaît, tout revit, tout s'anime et palpite,
Tout dit : Salut au jour et salut au soleil.

12 Septembre 1869.

LE SOIR

SONNET

Tout graduellement s'éteint dans la nature,
Les rayons du soleil déclinent dans les cieux,
Le bruit meurt, tout devient calme et silencieux ;
L'oiseau va se poser sous les toits de verdure.

Sur le gazon les fleurs se cachent à nos yeux ;
Le laboureur lassé chez lui rentre joyeux,
Le troupeau fuit les prés. Sous la charmille obscure
Voltige des zéphirs l'haleine tiède et pure.

Le crépuscule tombe. Au bord de l'horizon
La lune et Vénus font leur apparition,
De mille feux épars le firmament s'éclaire.

L'angélus retentit au sein des vieilles tours,
C'est l'heure du plaisir, c'est l'heure des amours,
C'est l'heure du repos, du rêve et du mystère.

17 Septembre 1869.

LA BAGUE

Tout en disant : au revoir,
Tout en pressant sa main blanche,

3

(Mon cœur devant vous s'épanche)
Je lui ravis l'autre soir

Sa bague. Je fis la chose
Avec vitesse, sans bruit,
Et personne ne le vit,
Elle excepté, je suppose.

Son silence toutefois
M'excita, je le confesse,
Encouragea ma tendresse
Autant que l'eut fait sa voix.

Soit instinct ou soit caprice,
Son doigt ne résista pas.
Eut-elle de l'embarras,
Où fût-elle ma complice ?

De sa main furtivement
Elle passa dans la mienne ;
Triste, elle quitta la sienne,
Moi, je la reçus gaîment.

Elle vint orner ma couche.
Je la mis comme un trésor
(Non pas à cause de l'or,)
Toute la nuit sur ma bouche.

Elle entendit mes soupirs.
Comme emblême de ses charmes.
Je lui confiai mes larmes
Mes secrets et mes désirs.

Il fallut trop tôt la rendre ;
Mienne alors je la croyais,
Hélas ! dès le soir d'après
Sa maîtresse vint la prendre.

Si l'anneau pouvait parler
Il confierait à son âme
Et mon amour et ma flamme,
Et donnerait un baiser.

Mars, 1870.

RÊVERIE.

Couchez-vous indolents sur la mousse
A l'abri des rayons du soleil,
Respirez les odeurs qu'un vent pousse,
A demi livrez-vous au sommeil.
Suivez-le sans crainte, ce conseil,
Suivez-le : cette ivresse est bien douce ;
Couchez-vous indolents sur la mousse
A l'abri des rayons du soleil.

Vous pourrez, avec l'aile du rêve,
Voguer sur l'océan du désir,
Voler sur les traces du plaisir.
Chercher follement de grève en grève
L'amour qu'un souffle de vent enlève,
Que rien jamais n'a pu retenir ;
Vous pourrez, avec l'aile du rêve,
Voguer sur l'océan du désir.

Août, 1870.

SONNET.

Si tu ne m'accorde un baiser,
Du moins, sur le verre où se pose
Ta bouche gracieuse et rose,
Laisse mes lèvres se poser.

Je saurai tout ce qui repose
Dans ton beau sein fait pour aimer,
Je saurai la secrète chose
Qui chaque nuit vient te bercer.

Si le monde après lui t'enchaîne,
Si la folle danse t'entraîne....
Ne crains pas, je serai discret.

Si quelqu'amour, si quelque flamme,
Avait pénétré dans ton âme...
Je garderai bien ton secret.

17 Novembre 1869.

LA ROSE

SONNET.

Belle enfant, n'est-ce pas, cette rose est charmante ?
Elle livre au zéphir son haleine odorante ;
Par son éclat, par sa fraîcheur,
De nos jardins la rose est la plus belle fleur.

Respire ses parfums. Son odeur enivrante
Procure à tous nos sens le calme et le bonheur ;
Pendant que sa parure est encore éclatante,
Un instant seulement pose-la sur ton cœur.

Dans une heure peut-être elle sera passée ;
Et qu'en restera-t-il ? A peine une pensée !
C'est là le sort commun des fleurs et de l'amour.

L'épine reste au doigt quand la rose est cueillie.
    L'épine de l'amour est encore moins amie ;
L'un et l'autre sont beaux mais ne durent qu'un jour.

                                Juin 1869.

UN SONGE

Pourquoi viens-tu, si matin, ô réveil ?
Un si beau songe enchantait mon sommeil ;
J'étais auprès d'une amante chérie.
De mon amour je faisais les aveux.
On m'écoutait et l'on baissait les yeux.

Nous étions seuls, seuls dans une prairie,
Au firmament la lune épanouie
Nous éclairait de sa douce lueur,
Molle clarté qui fait rêver bonheur ;
Si son amour était tout pour mon âme,
Elle pour moi sentait la même flamme.

C'était le soir, nous errions tous les deux
Loin de tout œil jaloux, de tout œil curieux :

Nous rêvions, nous causions ensemble, nos pensées
Par le bonheur et l'amour enlacées
Ne guidaient point nos pas et nous étions heureux.

La lassitude arrêta notre course ;
Elle s'assit à l'ombre d'un ormeau,
Sur les gazons fleuris, près d'une source ;
Ses traits charmants se reflétaient dans l'eau,

Elle parut alors à mon âme enchantée
Plus belle mille fois que la lune argentée
Dont les rayons se perdaient à mes yeux
Dans le feuillage et dans l'azur des cieux ;
A cette heure et dans cet asile solitaire,
Tout respirait l'amour et le mystère.

A ses genoux je tombai de plaisir,
A ses genoux j'oubliai l'avenir !
Que je l'aimais en cet instant suprême !
Me relevant, elle me dit : Je t'aime !
Sa voix encor retentit à mon cœur,
Sa voix encor m'inonde de bonheur.

Dans mes bras je saisis joyeux ma bien aimée,
Et je posai sur sa joue enflammée
Un doux baiser rendu par elle en souriant.
Pour durer mon bonheur, hélas ! était trop grand.

Le jour parut. Tout s'envola : prairie,
Source, lune, gazon, même l'ombre chérie,
Et je me trouvai seul dans ma couche au réveil.
Il ne restait de tout cela que la pensée

Bien douce encor à mon âme énivrée.
Toutes les nuits reviens, ma bien-aimée,
Dans un beau songe égayer mon sommeil.

1869.

LE VER LUISANT

SONNET

Ver solitaire
Qui sur la terre
Pendant la nuit
Doucement luit,

Dont la lumière
Vive et légère
Brille et s'enfuit
Au moindre bruit,

En ma présence
Dans le silence
Ne t'éteins pas.

Rêveur et sombre
Je viens dans l'ombre
Porter mes pas.

Octobre 1869.

SONNET.

Le charme qu'on éprouve au milieu du plaisir
Semble toujours plus doux quand il est pour s'enfuir:

Si, couronné de fleurs, par une nuit de fête
On se livre à la joie, à la danse coquette,

Le bonheur étourdit et les sens et la tête,
De la gaité, des ris, on jouit à loisir ;
Mais quand le jour paraît, quand la valse s'arrête,
C'est là qu'on sent le prix du bal qui va finir.

Le temps qui fuit toujours avec tant de vitesse,
A l'heure de la joie, à l'heure de l'ivresse,
S'écoule encor plus vite... et n'est point retenu.

Goutte à goutte vidons la coupe de la vie,
Délectons-nous avant qu'elle nous soit ravie
Pour ne pas regretter ce qu'elle a contenu.

Octobre 1869.

SUR MON ANE

Sur mon âne entêté qui lentement chemine
Dans un étroit sentier je gravis la colline,
Excitant et pressant le baudet de la voix,
Du geste, du genou et du bâton parfois ;
Mais son pas est réglé, fardeau léger ou rude,
Le fouet même ne peut changer son habitude.
Tous mes efforts sont vains, son pas est toujours lent,
Au hasard devant moi laissant flotter la bride,
Dans le sentier étroit son instinct seul me guide,
Et mon esprit s'égare et vole avec le vent.

Le myosotis bleu, tremblant, faible et timide,
Qui pousse sur les bords de la source limpide,
Enfouit loin des yeux sa beauté, sa fraîcheur,
Et des plis du gazon recouvre sa pudeur,
Si zéphyr ride l'eau, zéphir aussi l'agite,
Sous l'ombre, le repos, le silence il s'abrite ;
Et pour le découvrir il faut le bien chercher,
Dans le sentier étroit je gravis la colline,
Sur mon âne entêté qui lentement chemine.
Et comme cette fleur je voudrais me cacher.

Le papillon doré sur le sein des fleurs joue.
S'enivre de parfums, prend son vol et secoue
En fuyant dans les airs l'image du plaisir ;
Il vit insouciant, l'espace d'un soupir !
De la coupe du monde il n'a que l'ambroisie,
Son sort d'un jour à peine est une poésie ;
Comme lui, je voudrais ne durer qu'un matin.
Dans le sentier étroit je gravis la colline
Sur mon âne entêté qui lentement chemine,
Du papillon volage enviant le destin.

Sur l'arbuste voisin, la fauvette isolée
Charme, enchante, séduit l'écho de la vallée
Et va dans le lointain éveiller quelque oiseau ;
Tout se tait à sa voix sur le flanc du coteau,
Le calme, le bonheur, comme sur une lyre,
Vibrent avec ses chants dans l'air que je respire ;
Sur l'onde des ruisseaux, aux cieux, au fond des bois,
Sur mon âne entêté qui lentement chemine
Daus le sentier étroit je gravis la colline,
Et de cette fauvette. ah ! que n'ai-je la voix !

3.

Un être seulement de la fleur a le charme,
De la source limpide a la tremblante larme,
Du papillon léger a les folâtres jeux ;
Ses charmes, ses attraits, son vol capricieux ;
On surprend voix d'oiseau sur sa lèvre rosée,
Le sourire s'y voit comme aux prés la rosée,
Cet être, c'est la femme à son premier beau jour.
Dans un étroit sentier je gravis la colline,
Sur mon âne entêté qui lentement chemine,
Et j'arrive au sommet en rêvant à l'amour.

Août, 1870.

L'ÉGLANTINE

Je suis fille de la nature,
J'orne les prés, j'orne les champs,
.Des vallons je suis la parure,
Et mes senteurs sont mes accents.

Aux bois je n'ai point de rivale ;
Par mes formes, par mes couleurs,
Par le doux parfum que j'exhale,
Je l'emporte sur mille fleurs.

C'est à l'aurore que mi-close
Je souris et m'ouvre au soleil,
Je berce dans mon sein de rose
La perle du matin et l'insecte vermeil.

Le poète en passant m'effeuille ;
De ses rêves il m'embellit,
La jeune fille aussi me cueille,
Et mon éclat l'enorgueillit.

Mes épines sont mes caprices,
J'aime à rougir la blanche main ;
Mes piqûres sont vos supplices,
Enfants qui me coupez sur le bord du chemin.

La souffrance, têtes légères,
Ou précède ou suit le plaisir,
Supportez, supportez des douleurs passagères,
Vous, qui connaissez le désir,

Ma vie, hélas ! est éphémère,
Je suis l'image de l'amour !
Simple et belle comme ma mère
La nature. je vis un jour.

Le soir vient faner ma corolle,
Je m'éteins, mon charme s'enfuit,
J'ai brillé, j'achève mon rôle,
Je meurs oubliée dans la nuit,

Sans plainte et sans regret. Toute chose a son terme,
Sur leur tige à leur tour qu'on admire mes sœurs,
Mais plus que la beauté dans mon sein je renferme
Des germes d'églantiers, de boutons et de fleurs,

Mai, 1871.

LA FAUVETTE

Bel oiseau, ta chanson joyeuse et fugitive,
Fait naître dans mon cœur mille rêves charmants,
Mille gais souvenirs de mes plus jeunes ans,
Mille regrets bien chers... et mon âme est pensive.
J'écoute, et dans mes yeux je sens venir des pleurs,
Dans mon Anjou, fauvette, ainsi chantaient tes sœurs.

Que viens-tu faire ici, bel oiseau, qui t'envoie ?
N'es-tu point exilé du beau pays des nids,
N'est-tu pas égaré loin des épais taillis,
Des champs, des prés en fleurs, du séjour de la joie ?
Ou serait-ce l'orgueil de faire par ta voix
Connaître aux Parisiens le charme de nos bois ?

Si le doux sommeil ferme à demi mes paupières,
Mille formes sans nom errent sous mes regards,
Mille images dans l'air flottent de toutes parts ;
Le seul bruit de ta voix, de tes chansons légères
En rêves gracieux les change, les unit,
Et, pour quelques instants, le bonheur me sourit.

Si des larmes sans cause effleurent mon visage,
Si parfois je me sens épuisé de langueur,
Si quelqu'ombre de spleen flotte au fond de mon cœur,
Ton chant harmonieux, perdu dans le feuillage,
Interrompu cent fois et cent fois répété,
Ranime dans mon âme espérance et gaîté !

Dans le cadre d'un vers si j'essaie à réduire
Une pensée heureuse, un rêve à peine éclos,
Je cherche la fraîcheur, le calme, le repos.
Là, ton gazouillement et me charme et m'inspire,
Et des rêves nouveaux plus doux et plus divers
Se pressent dans ma tête et s'épanchent en vers.

Hôte de l'arbre vert, dont le babil m'enchante,
Hélas ! ce joli mois des fleurs et des amours,
Où tu construis ton nid, ne dure pas toujours !
Trop tôt viendra le temps où cette voix charmante,
Où ces chants gracieux, où ces accents émus
Jusqu'au fond de mon cœur ne résonneront plus.

Mai 1870

LE JOUR DES MORTS

SONNET

Où se dirigeaient-ils, ces hommes, ces enfants,
Ces femmes, ces vieillards courbés, à cheveux blancs,
Tristes et tout couverts de sombres vêtements ?
Une larme brillait au bord de leur paupière !

Ils allaient visiter l'asile funéraire,
Où ceux qu'ils ont aimés reposent sous la pierre
D'un tombeau près duquel fleurit l'herbe des champs
Pour leurs morts il allaient murmurant leur prière.

Qui n'a pas à pleurer une sœur, des amis,
Une mère, un époux sous la terre endormis,

Dans ces jours réservés au deuil, à la tristesse ?
Hélas ! et moi, combien depuis que j'ai vécu,
De ceux qui m'étaient chers en ai-je aussi perdu,
Moissonnés encor pleins de vie et de jeunesse ?

Novembre 1869

OISEAUX CHARMANTS

Oiseaux charmants, qui bâtissez vos nids,
Construisez-les au sommet de la branche,
Cachez-les bien, craignez d'être surpris
Par quelque enfant au repos le dimanche.

Car moi souvent, je m'en souviens encor,
J'ai déniché sous les tiges fleuries
Bien des petits chanteurs aux ailes d'or
Dont la présence animait les prairies.

Plus d'une mère a gazouillé son deuil
A son retour ; de plus d'une fauvette
Sous les ormeaux j'ai posé le cercueil,
En fredonnant gaîment la chansonnette.

J'allais chercher l'œuf sous le bourgeon vert,
Je dépouillais le taillis de ses charmes,
Chaque victoire était un nid désert,
Chaque sourire une source de larmes.

Moineaux, pinsons, sans plumes, sans secours,
Dans une cage ont péri de détresse,

Et sans pitié j'en ravissais toujours,
Dans le bosquet je retournais sans cesse.

Cruels plaisirs, crimes sans le savoir,
L'âme enfantine ignore tant de choses.
Moi j'ignorais, en badinant le soir,
Ce qui souffrait des oiseaux ou des roses.

Mai 1870

LA FRAISE

ELÉGIE

J'aime a te voir rougir sur le bord de l'allée.
Moitié nue au soleil, moitié pudique aux yeux,
 Sous la feuille à demie voilée,
Et fuyant par candeur les regards curieux.

  Où je te vis fraise fleurie,
  Je viens t'épier quelquefois,
  Où j'aperçus ta sœur mûrie,
  Je passe et repasse cent fois.

 J'aime à te voir sous l'herbe verte,
 Et sous ton fardeau t'inclinant,
 J'aime à te voir d'ombre couverte,
 Trop de soleil me gêne en te cueillant.

Fruit tendre et délicat, je t'aime pour toi-même'
Pour ta douce saveur, pour ta précocité,

Prémice des beaux jours, plus encore je t'aime
Comme un présage heureux des trésors de l'été.

J'aime à te rechercher au loin dans la campagne,
J'aime à te voir coquette excitant mon désir ;
Mais pour te découvrir je veux une compagne,
Car à deux, mieux que seul, on goûte le plaisir.

O fraise, je lui veux ta fraîcheur et ta grâce,
Je veux qu'en attraits, qu'en pudeur
Elle t'égale et te surpasse,
Je lui veux sur le front ta modeste rougeur,

Tout ton éclat et tous tes charmes,
Puis un cœur pour les animer,
Pour les faner jamais d'alarmes.
Une âme pour sentir, une âme pour aimer !

Comme un couple d'oiseaux suit l'instinct qui l'appelle,
De buisson en buisson, nous perdant tout le jour,
A l'aurore, à la nuit, je voudrais avec elle,
Te cueillir et jaser, et m'enivrer d'amour !

Mai 1871.

VERS SUR LA SOURCE D'EAU FERRUGINEUSE

QUI SE TROUVE A PRÉFAILLES

Coule toujours, ne cesse pas,
Coule toujours, source bénie,

Dont l'onde pure au fer unie
De la foule attire les pas.

O source, que rien ne t'épuise,
Coule toujours dans ton bassin,
Que verre à verre l'on te puise
Sans te jamais tarir le sein.

Tu viens plaintive et régulière,
Te prodiguer matin et soir,
Et mille étrangers sur la pierre
Auprès de toi viennent s'asseoir.

Des jeunes filles les mains blanches,
Des blonds enfants les doigts rosés
Par ton onde sont arrosés,
Quand dans leur vase tu t'épanches.

Sans nom le passant te connaît :
Ton eau fraîche en vertus abonde,
Tu sors du rocher vagabonde,
Et tu meurs où l'océan naît.

Préfailles, septembre 1872.

LES DEUX ROSES

Hier, le jour venait de naître,
J'étais dans ma chambre, mes yeux
Suivaient les ébats et les jeux
De deux enfants sous ma fenêtre.

Ils folâtraient dans un jardin
Charmés par mille douces choses,
Sur un rosier deux belles roses
S'agitaient au vent du matin.

Avec la goutte de rosée
Leurs parfums s'envolaient aux cieux.
Aux rayons d'un soleil joyeux
La feuille verte était bercée.

Le premier saisit hardiment
La plus belle, à l'odeur divine,
Mais avec la rose l'épine
Est sous les doigts de l'imprudent.

La fleur de son sang fut couverte,
La douleur suivit le plaisir,
Il exhala plus d'un soupir,
Caché sous la tonnelle verte.

Le second, plus sage et plus lent,
Arrache épine par épine
Et cueille la rose divine
Sans perdre une goutte de sang.

Avril 1870.

L'AUTOMNE.

SONNET

Bosquet triste et mystérieux,
Privé de ta verte feuillée,

Déserté par l'oiseau joyeux,
Orgueil hier de la vallée

Et maintenant silencieux,
J'aime à suivre la sombre allée,
Qui sous ton ombre désolée,
Serpente en replis tortueux.

J'aime ce deuil de la nature,
J'aime ces restes de verdure
Agités au souffle des vents

Ta cîme a perdu sa couronne,
Pour toi, comme pour nous, l'automne
Suit de trop près le gai printemps.

3 octobre 1869.

L'AIR EST A TOUS ET LA TERRE EST COMMUNE.

L'air est à tous et la terre est commune,
Le soleil luit pour tous également,
Tous nous pouvons rêver au clair de lune
Et contempler l'étoile au firmament.

Les chants d'oiseau vibrent pour toute oreille,
Pour tous les yeux la fleur s'épanouit.
A tout regard la nature est pareille,
L'été pour tous naît et s'évanouit !

Tous de l'amour nous ressentons les charmes !
Petits ou grands, communs sont les désirs,
Petits ou grands, communes sont les larmes,
Commun l'espoir et communs les soupirs !

Si nous savions arrêter nos caprices,
Ne point courir follement après eux,
Ne point chercher de voluptés factices,
Qu'il nous serait facile d'être heureux.

1er Mai 1872.

SONNET

Quand sur mes lèvres le sourire
S'efface devant le malheur,
Quand de mes doigts s'enfuit la lyre
Avec le souffle inspirateur,

Quand, sous le poids de la douleur,
En vain ma tête veut produire,
Quand sous les serres du délire
S'abat sanglant mon faible cœur,

L'âme épuisée, anéantie,
S'anime aux torrents d'harmonie
Jetés par mon piano joyeux,
Les doux accents de la musique
Répandent un baume magique
Sur mon cerveau las et fiévreux.

4 Octobre 1869.

PETIT NID

Ornement de la forêt,
Petit nid couvert de mousse,
Berceau du chardonneret
A la voix tremblante et douce ;
Abri d'un chanteur divin,
Couche de l'oiseau qui passe.
L'homme imiterait en vain
Ta belle forme et ta grâce.

Ornement de la forêt,
Petit nid couvert de mousse,
Berceau du chardonneret
A la voix tremblante et douce,
Petit nid pourquoi, dis-moi,
Les échos de la vallée
Ne répètent plus l'émoi
Des enfants de la feuillée ?

Plus de cris, plus de chansons ;
Le bois devient monotone,
Et la gaîté des buissons
Fuit au souffle de l'automne.
Où sont-ils donc aujourd'hui
Ceux que le printemps vît naître,
Où sont-ils donc ? — Ils ont fui ;
L'été les vît disparaître.

Ornement de la forêt,
Petit nid couvert de mousse,

Berceau du chardonneret
A la voix tremblante et douce,
Ne disperse pas aux vents
Ton duvet comme une écume;
Ils reviendront tous vivants
Se reposer sur ta plume.

Tu seras encor berceau
Petit nid couvert de mousse,
Berceau des fils de l'oiseau
A la voix tremblante et douce ;
Cache-toi dans ces buissons,
Et l'écho de la vallée
Répétera les chansons
Des enfants de la feuillée.

Septembre 1870.

LE FRÉMISSEMENT DES BOIS

Est-ce une plainte, est-ce un sourire,
Est-ce une ombre qui fuit le jour,
Est-ce le printemps qui soupire,
Est-ce une extase de l'amour ?
Mélancolique et monotone,
Sublime et doux tout à la fois,
Charme d'été, charme d'automne,
Voix des forêts, âme des bois,

Toujours changeant, toujours le même.
Bruit léger, il n'a pas de nom,

Bruit léger, il n'a pas d'emblême,
Jamais il n'eût de jour et jamais de saison.

Sur l'arbre il voit pousser la feuille,
Il voit la fleur, il voit le fruit,
Il voit le chêne qui s'effeuille,
Quand la neige tombe il frémit.

Autour du nid, à sa compagne,
Le rossignol roule ses chants ;
Tendre soupir qui l'accompagne
Porte sa voix aux fleurs des champs.

La flore pare la nature,
Les oiseaux enchantent les bois,
La brise anime la verdure
Et l'harmonie est dans les trois.

Est-ce une plainte, est-ce un sourire,
Est-ce une ombre qui fuit le jour,
Est-ce le printemps qui soupire,
Est-ce une extase de l'amour ?

Quand mes yeux ont des pleurs, c'est une voix plaintive
Le vent sourit aux bois quand mon âme sourit ;
Quand j'ai peur, c'est une ombre errante et fugitive,
C'est un rêve léger quand rêve mon esprit.

J'entends mille soupirs de flamme
Lorsque mes sens sont pris d'amour !
Ce bruit n'est que l'écho des accents de mon âme,
Il est comme mon cœur triste ou gai tour-à-tour.

Je ne peux demander à ce qui m'environne,
Rien de plus, rien de moins. La peine ou le bonheur,
Ce n'est point la nature, hélas ! qui me les donne,
Je les trouve au fond de mon cœur.

Avril 1871.

ADIEUX AUX CERISES

Adieu, cerises que j'adore,
Adieu, pour un an seulement,
Si dans un an j'y suis encore,
Et si ta fleur résiste au vent.

Tu n'es plus qu'une pâle image,
Tes beaux jours sont passés d'hier ;
Il s'est flétri le vert feuillage
Qui de te parer semblait fier.

Pendant deux mois, de ta présence
S'est énorgueilli le verger ;
Tu fuis, et nul à ton absence
N'offre même un deuil passager.

Aux autres fruits je te préfère,
Le raisin seul est ton égal ;
Dès le printemps tu sais me plaire,
En automne il est mon régal.

Pour toi je ne veux pas médire
De tes rivaux du lendemain.

Du printemps tu fus le sourire,
Et je soupire à ton déclin.

Août 1870.

VOS YEUX A TOUS AURONT DES PLEURS

A MADAME GUILLOU, MA TANTE.

Jouez, enfants, jouez ; la jeunesse s'effeuille !
Chassez au bois l'insecte aux brillantes couleurs ;
L'insecte périra, le bois perdra sa feuille,
— Vos yeux un jour auront des pleurs !

Jeunes filles riez, les beaux jours passent vite !
Comme l'oiseau chantez et parez-vous de fleurs ;
La fleur se fane, après l'été l'oiseau nous quitte,
— Vos yeux un jour auront des pleurs !

Rêvez le bonheur, jeune et belle fiancée.
Des charmes de l'amour savourez les douceurs,
D'espoir et d'avenir bercez votre pensée.....
— Vos yeux un jour auront des pleurs !

A l'enfant nouveau né, souriez, jeune mère,
Entourez-le d'amour et de mots enchanteurs,
Couvrez-le de baisers ; la vie est éphémère !
— Vos yeux un jour auront des pleurs !

4

Bel enfant, jeune fille, épouse, tendre mère,
Jouez, rêvez, aimez et fuyez les douleurs,
Ne buvez pas d'avance à cette coupe amère ;
— Trop tôt vos yeux auront des pleurs !

Juin 1871.

LES PAQUERETTES

A MADEMOISELLE ***

Ne craignez plus l'hiver, il s'enfuit, renaissez,
　　Rompez le deuil de la nature,
Pour fêter le retour des beaux jours, paraissez ;
Des prés n'êtes-vous pas la première parure,
N'êtes-vous pas du printemps le réveil ?
Au-dessus du gazon balancez-vous timides,
Ornez le sentier vert et séchez au soleil
　　Vos feuilles de rosée humides.

Ne craignez plus l'hiver. Salut, charmantes fleurs,
Sitôt que je vous vois émailler les prairies
Mon cœur est inondé de douces rêveries,
Ma bouche a des soupirs et mes yeux ont des pleurs,
　　Salut, petites paquerettes.
Pour moi vous n'êtes pas que de simples fleurettes,
Sitôt que je vous vois l'avenir me sourit,
Et dans mon cœur charmé l'espoir germe et fleurit.

Comme la fleur vous êtes un sourire,
Je voudrais vous charmer par un rythme enchanteur ;
Mais des vers, jeune fille, ont-t-il jamais su dire
Ce qui fait battre et palpiter le cœur ?

9 mars 1872.

Je n'offre pas, quand je donne un bouquet
    Que des corolles entassées,
Qu'un ensemble charmant, coquet ;
Avec les fleurs je livre mes pensées,
Elles y sont, qu'il soit frais ou flétri,
Qu'il soit du jour, ou qu'il soit de la veille ;
La fleur se fane et la mémoire veille ;
Un souvenir vaut un bouquet fleuri.

24 mars 1872.

EST-CE POUR MOI ?

Est-ce pour moi que la brise soupire,
Que la lune le soir sur ma tête sourit,
Que la vague, à mes pieds, plaintivement expire,
Que l'insecte bourdonne et que l'arbre fleurit ?

Est-ce pour moi que le rossignol chante,
Que le bruit de la source est doux et gracieux,
Que parfois le tonnerre éclate dans les cieux ?
Est-ce pour moi que tout, dans la nature, enchante ?

Non, non. De tout cela nous sommes les témoins.
Le printemps avant nous verdissait les prairies ;
Qu'importe à l'océan nous de plus, nous de moins ?
Les sources après nous ne seront pas taries.
Prenons ce qu'en passant notre main peut saisir,

Savourons sans orgueil ce qui plaît et qui charme ;
Sur l'objet qui nous fuit déposons une larme,
Et livrons notre cœur à l'éternel désir.

Mars 1872.

M. CHARLES DU POUEY, DE TARBES, A M. EDG. GUILBAULT

Quoi ! vous êtes poëte ! Et je suis bien ma foi,
Forcé d'en convenir. Que tout autre que moi,
Qui n'a pas encor lu vos vers charmants, l'ignore,
Tant pis pour lui ; cela, mon cher, le déshonore.
Du Parnasse Angevin vous êtes donc l'espoir.....
    Et vous jouez aux cartes chaque soir !

Je croyais qu'un poëte était le tendre amant
Du ciel bleu, du soleil, soit levant, soit couchant,
Des brises qu'on respire aux ombreuses allées,
Des senteurs des tilleuls et des nuits étoilées.
Mais vous les dédaignez, vous restez au manoir,
    Et vous jouez aux cartes chaque soir !

Comment ! vous qui chantez, en l'écoutant frémir,
Le brin d'herbe que plie un souffle de zéphir,
Si l'orage a gâté le temps de la journée,
Quand chacun fait des vœux pour la tiède soirée,

Vous, vous dites joyeux : « tant mieux laissons pleuvoir; »
   Car vous jouez aux cartes chaque soir !

Nos passe-temps, monsieur, ont pourtant leur fumet
Nous avons le trottoir, les bancs du Maubourguet,
Au spectacle-concert, musique enchanteresse,
Je cherche à droite, à gauche, et grande est ma détresse
Avec notre cher X***, espérant vous revoir.....
   Non : vous jouez aux cartes chaque soir !

Ces belles en carton donc ont beaucoup d'appas ?
Laquelle aimez-vous mieux, Judith ou bien Pallas ?
Selon qu'il a tourné ! Je voudrais, ma parole,
Pour savoir ce que tant vous leur dites de drôle,
A la porte écouter, caché dans le couloir,
   Quand vous jouez aux cartes chaque soir.

Ne redoutez-vous pas que l'ange inspirateur
Ne fuie effarouché. Que de votre faveur
Jaloux, il ne retourne aux sphères éternelles ?
Du génie au front d'or, aux flamboyantes ailes,
Qui vous protége, ami, craignez le désespoir,
   Si vous jouez aux cartes chaque soir !

Tout s'oublie en jouant. La mère sans sommeil
Attend le fils qui vient quand paraît le soleil.
Le jeu fait oublier l'amour, la poésie,
La femme idolâtrée et l'enfant endormie.
Par ces graves périls laissez-vous émouvoir,
   Ne jouez plus aux cartes chaque soir !

Tarbes, Juillet 1871,

4.

RÉPONSE DE M. EDGARD GUILBAULT A M. CHARLES DU POUEY.

J'aime le jeu, Monsieur, non à la passion
    Et non à la folie,
Mais j'en fais quelquefois une distraction
    Aux ennuis de la vie.

J'aime le jeu, Monsieur, parce qu'au seul hazard
    Appartient la parole,
Parce que le calcul humain n'est là qu'un art
    Inutile et frivole.

C'est un doux passe-temps que le jeu bien compris,
    Passe-temps où se noie
Le chagrin, passe-temps qui chasse les soucis
    Dont notre âme est la proie.

Mais je veux que mon gain n'apporte que l'honneur.
    A la plus pure source
Je prends ma jouissance, et je perds sans douleur
    Quand je garde ma bourse.

Je ne vois rien de trop sur terre, j'aime tout :
    L'amour, la poésie,
Les cartes et le vin, Monsieur, j'aime surtout
    Que mon plaisir varie.

Tarbes, juillet 1871.

LE POÉTE

Personnages : { UN POETE,
{ UNE JEUNE FILLE.

Chanson. — 1er Couplet.

LE POETE.

Ton cœur sous ta robe légère,
D'amour a-t-il battu parfois ?
N'as-tu jamais sur la fougère,
N'as-tu jamais sous les grands bois,
Enfant, prononcé de ces choses
Comme en soupirent les roseaux,
Ou comme en exhalent les roses,
Ou comme en jasent les oiseaux ?

2e Couplet.

Te berces-tu de rêveries,
N'as-tu jamais de visions ?
La nuit, sous des formes chéries,
Vois-tu des apparitions ?
Dis-tu tes secrets à ta couche ?
N'as-tu point encor soupiré ?
Est-il quelquefois sur ta bouche
Un nom aux autres préféré ?

3e Couplet.

Enfant, de tendresse infinie
Mon cœur est plein, comme un trésor

Je mets à tes pieds mon génie.
Suis-moi, dans un brillant essor
Il nous portera sur son aile ;
Suis-moi, mon chant t'animera,
Ma passion toujours nouvelle
Pour te charmer m'inspirera.

LA JEUNE FILLE.

Portez ailleurs vos chants de flamme,
Allez plus loin rêver d'amour,
Passez, passez gai troubadour.
La gloire autre part vous réclame.

LE POETE.

Ce que ma bouche dit, mon âme le ressent,
Jeune fille, crois-moi, l'amour n'est pas qu'un rêve,
Qui de son aile d'or nous caresse en passant,
Né d'une fantaisie et qu'un caprice achève.

LA JEUNE FILLE.

Gai troubadour. passez votre chemin,
Gardez pour vous vos trésors de tendresse.
Votre génie aura-t-il un demain ?
Ne jetez pas au vent votre jeunesse.

LE POETE.

Sur terre, jeune fille, est-il donc interdit
A l'homme d'être heureux, parce qu'il est poète ?
Mon cœur est plein d'amour, mon chant l'a déjà dit,
Mon cœur est plein d'amour pour toi, je le répète.

LA JEUNE FILLE.

A vos accents je n'ai point eu d'émoi,
Gai troubadour votre chant m'importune,
Je ne crois pas à vos serments pour moi ;
Passez, plus loin vous attend la fortune.

LE POETE.

La fortune n'a pas mis sa chaîne à mon cou ;
De plaisir en douleur, de repos en secousse,
Constamment balotté je vais je ne sais où,
Au hasard devant moi l'espérance me pousse.

LA JEUNE FILLE.

Tout anime votre désir,
Mais un rien le fait disparaître ;
Aimer pour vous n'est qu'un loisir,
Un passe-temps agréable peut-être.

LE POETE.

Tout ce qui vit, est créé pour aimer,
Sublime loi qui régit l'existence !
Nul dans son cœur ne peut la supprimer,
Nul ne l'enfreint en vain : la résistance
Serait folie oh ! non, crois moi, pour nous,
Aimer n'est pas qu'un passe-temps frivole,
Je ne viens pas poser à tes genoux
Un vain désir qui de fleur en fleur vole,
Qui naît un jour pour fuir le lendemain,
Qui vient d'un souffle et s'échappe en fumée,

Que j'abandonne aux hasards du chemin
Pour effeuiller ainsi chaque rose embaumée.

LA JEUNE FILLE.

Votre flamme peut-être est une illusion ;
Je le répète encor, de vos serments je doute.
Vous tous, vous avez trop d'imagination
Pour ne pas dans l'amour dévier de la route.

LE POETE.

Pour chanter, pour écrire, il nous faut tout savoir ;
Il faut goûter à tout, au fiel comme aux délices.
Il nous faut méditer, approfondir et voir,
Il nous faut de la vie épuiser les calices.
Mais nous vivons d'amour, nous respirons d'amour !
En lui seul nous trouvons nos douleurs et nos joies,
Charmant, doux, rêveur, triste et fiévreux tour à tour
Il est notre tyran et nous sommes ses proies,
Nous sommes après lui traînés fatalement :
C'est là notre destin. — En sommes-nous coupables ?
Et tu dis que d'aimer nous sommes incapables,
Et que nous ne savons pas tenir un serment !
Ah ! si, nous connaissons le prix d'une promesse,
Et nous ne jetons pas au vent notre tendresse.

LA JEUNE FILLE.

Au papier tout entier vous livrez vos transports,
Et la femme a le reste, une simple parcelle !
Dans vos écrits mettez et cachez vos trésors,
Je veux la flamme vive et non pas l'étincelle,

Je veux de l'amour vrai, je veux le tout ou rien,
Je veux un cœur brûlant, mais un cœur qui soit mien !

LE POETE.

Prends-la, prends-la ; ma flamme est indivise ;
  J'en fais l'aveu, mon cœur est tout ici ;
Prends-le, prends-le ; je n'ai point pour devise
  A tout venant de le donner ainsi.

LA JEUNE FILLE.

Vous n'adorez l'amour que pour l'amour lui-même !
Pour vous, rêveur, la vie est un ardent problème ;
Entrevoir l'infini, chercher le beau partout,
Epier l'idéal, prendre le miel de tout !

LE POETE.

Tu dis vrai : nous avons pour mission sublime
D'harmoniser les sons que la nature exprime,
De rêver l'idéal, et, lambeau par lambeau,
De surprendre en tout lieu l'étincelle du beau.
Ni la perle des mers, ni la fleur attrayante,
Ni l'insecte doré, ni l'étoile brillante,
Ni l'oiseau simple et fier n'approchent de si près
Que vous notre idéal, femmes aux mille attraits,
Qui possédez beauté, charme, pudeur et grâce.

LA JEUNE FILLE.

Eloge de poète et compliment qui passe,
Comme nos qualités vous savez nos défauts.
Nous, pour vous l'idéal, rêverie éphémère,
Nous, pour vous l'idéal, fantaisie et chimère ;

Nous, pour vous l'idéal, ah! votre dire est faux !
Ne laissez pas ainsi le vrai pour l'apparence,
Et ne vous bercez pas d'une folle espérance,
De toutes vainement vous êtes amoureux,
Mais ni d'autres ni moi ne vous rendront heureux.

LE POÈTE.

Lis dans mon cœur ouvert, tu n'as point de rivale ;
Un seul nom (c'est le tien) de mes soupirs s'exhale.
Jeune fille, suis moi, mes vers te chanteront
Et mes chants inspirés t'immortaliseront :
Emporté près de moi sur l'aile de la gloire,
Ton nom sera gravé dans plus d'une mémoire,
De toi plus d'un lecteur peut-être rêvera,
Plus d'une jeune fille, ah ! crois-moi, t'envîra.

LA JEUNE FILLE.

A quoi me servirait tout cela ? que m'importe
Un stérile renom, ferment de la douleur !
Je plains, je plains celui qui dans son sein le porte ;
Je ne serai jamais fiancée au malheur !
N'ai-je donc point assez des rêves que j'épouse,
Faut-il traîner tous ceux des autres sur mes pas ?
A quoi sert d'exciter une haine jalouse,
D'avoir des ennemis même après le trépas ?

LE POÈTE.

Puisque tu fais ainsi fi de toutes ces choses,
Que pourrai-je t'offrir, enfant pour te charmer?
Mon rire ouvrira-t-il tes lèvres demi-closes,
Faut-il me taire , puis-je en silence t'aimer,

Avec quoi, jeune fille, avec quoi t'ornerai-je,
De mille diamants brillants te parerai-je ?
Mais quel diamant vaut un regard de tes yeux,
Rien n'égale ton air doux, simple et gracieux,
Pour unique trésor, pour unique parure,
Reçois, reçois ma flamme, elle est vive, elle est pure.

LA JEUNE FILLE.

Aux cadeaux l'amitié seule donne du prix ;
Si je hais le donneur, le don a mon mépris.
Plus que les diamants avec plaisir j'accueille
De simples fleurs, si c'est un ami qui les cueille.

LE POÈTE.

Pour ne m'ouvrir que sous tes doigts
Je voudrais être l'églantine,
Pour ne sourire qu'à ta voix
Je voudrais être l'aubépine.
J'ai des adulateurs qui me vantent mes vers
Mais je cherche un ami vrai dans tout l'univers.
L'angoisse, le tourment, parsèment notre vie ;
On m'écoute, on m'admire, on me blâme, on m'envie!
Hélas ! et mon printemps disparaît sans retour !
Venant, passant, fuyant, la foule tour-à-tour
Me siffle ou m'applaudit sans jamais dire : Arrête,
Pour l'assouvir je creuse et recreuse ma tête!

LA JEUNE FILLE.

Je ne puis devenir impassible témoin
De vos luttes ; cherchez un confident plus loin :

5

Je ne comprends ni vos transports, ni vos ivresses,
Je ne comprends ni vos chagrins, ni vos tristesses.

LE POÈTE.

Pour prix de ton amour, dis-moi, qu'exiges-tu
Parle, parle, à tes pieds mon cœur gît abattu.

LA JEUNE FILLE.

Je voudrais, je voudrais réaliser un songe,
Je voudrais le respect d'un aveu solennel,
Je voudrais de l'amour qui ne soit pas mensonge,
Ainsi que mon espoir, je le veux éternel !
Dans mon ami je veux une âme neuve et franche,
Je veux un cœur loyal qui dans mon sein s'épanche,
Comme dans son cœur, moi, j'épancherai le mien,
Je veux qu'à mon égard on ne simule rien.
Je ne veux pas qu'avec ses serments on transige.
Pour prix de mon amour fidèle enfin j'exige
Ce que j'apporterai moi-même à mon époux :
L'abandon et l'oubli de ce qui n'est pas nous ;
    Sacrifice pour sacrifice,
    Constance pour fidélité,
    Entre nous pas un artifice,
    Simplicité, sincérité.

LE POÈTE.

Tout ce qui me fut cher, pour toi je l'abandonne.
Prends mon passé, prends mes secrets, je te les donne,
Je te livre tout, sauf mon inspiration,
Car je dois jusqu'au bout remplir ma mission ;

L'homme doit son travail et son savoir au monde,
Le poëte n'est pas libre d'éparpiller
Au hasard les trésors de son âme féconde,
D'endormir son génie ou de le gaspiller.

LA JEUNE FILLE (*ironiquement*).

Ne gaspillez donc pas ces choses précieuses,
Passez votre chemin, courez après l'honneur ;
Portez ailleurs, portez vos chansons gracieuses,
Fuyez, je rêverai bien seule le bonheur !
Tant d'autres s'éprendront d'une gloire factice,
Fuyez, je rêverai bien seule le bonheur !
Que votre nom parmi les grands noms retentisse.

LE POÈTE.

Belle et pudique enfant, douce fleur du matin,
Je livre à tes désirs, je livre mon destin,
Je t'abandonne tout, pardessus tout je t'aime,
Plus que ma mission, plus que ma gloire même !
Je t'abandonne tout sans honte et sans remord,
Ah ! je t'aime ! pour toi je braverais la mort.

LA JEUNE FILLE.

Poète, de vos jours vous n'êtes pas le maître,
Vous avez un destin, il faut vous y soumettre,
Laissez-moi, je ne puis accéder à vos vœux
Et cependant je suis sensible à vos aveux,
Et votre nom sera quelque fois sur ma bouche ;
Votre abnégation et me plaît et me touche,
Je ne l'oublierai pas, mais il m'est défendu
D'arrêter votre essor. Fuyez-moi, partez vîte,

Oubliez votre amour insensé dans la fuite ;
Partez, que votre cœur au monde soit rendu.

LE POÈTE

Jeune fille, mon cœur pour toi d'amour succombe,
Donne-moi seulement un rayon d'amitié.
T'aimer est désormais le devoir qui m'incombe ;
De mon cœur, de mon cœur désolé prends pitié.
Oh ! suis-moi loin du bruit, suis-moi loin de la foule;

Il tombe à genoux.

Mon talent, mon génie, à tes pieds je les foule !
Pour toi je brise tout, espoir et souvenir.

LA JEUNE FILLE.

Relevez-vous, ici quelqu'un pourrait venir !
Relevez-vous, j'ai peur de vos accents de flamme !
Relevez-vous, j'ai peur des élans de mon âme !

LE POÈTE.

Non, ainsi prosterné je te suivrai partout !
Qu'importe que la foule à tes pieds me surprenne?
Je t'adore et je veux que le monde l'apprenne ;
Je t'aime, je t'aime, oh ! ce mot résume tout !
Et selon ton caprice il me tue ou m'enivre !
Ma vie à tes genoux est prête à se briser.
Qu'ai-je besoin sans toi, qu'ai-je besoin de vivre?
Un mot, un seul mot peut l'éteindre ou l'attiser.

LA JEUNE FILLE.

Relevez-vous poète.

A part.

Oh ! j'en deviendrai folle.
Relevez-vous.

LE POÈTE.

Prononce une seule parole.

LA JEUNE FILLE.

Je tremble.... je ne puis.... je n'ose.... et cependant...
Ami, relevez-vous.

LE POÈTE.

Merci !

LA JEUNE FILLE.

Mon cœur ardent,
Pour vous, d'espoir sera l'inépuisable source,
Suivez votre destin, reprenez votre course ;
Je vous consolerai de vos tourments divers,
Compagne du triomphe et surtout des revers.

LE POÈTE.

Lui prenant la main.

Savourons le bonheur, tous deux, ma bien-aimée,
En attendant qu'un jour vienne la renommée ;
Savourons le bonheur puisque nous le tenons,
L'avenir est à nous puisque nous nous aimons !

1872.

ON M'A CONTE QU'AUTREFOIS

IDYLLE

On m'a conté qu'autrefois
Une bergère seulette,
Seulette un dimanche au bois
Vint cueillir la violette

Qu'un chaud rayon du matin
Sur la mousse fait éclore
Et dont l'enchanté destin
Est de parfumer l'aurore.

Avril ornait les vallons,
Les côteaux et les prairies
De mille plantes sans noms,
De mille touffes fleuries.

Elle coupe maints bouquets
Encor humectés de larmes,
Comme elle, frais et coquets,
Comme elle remplis de charmes.

Elle va, toujours cueillant ;
Comme une abeille elle effleure
Tous les sentiers, oubliant
Son logis, sa route et l'heure.

Elle s'égare et se perd,
Revient, retourne, s'arrête,
S'assied sur le gazon vert,
Lasse, troublée, inquiète ;

Elle a grand peur au milieu
Des chênes et du silence :
Tout est muet en ce lieu,
L'arbre à peine se balance.

Près de là passe un garçon,
Haute taille, voix légère,
Il interrompt sa chanson
Pour causer à la bergère :

Que fais-tu dans ce taillis ?
— Ce matin je vins seulette,
Beau pasteur, et je cueillis
Sous l'herbe la violette ;

Je m'égarai pour des fleurs,
En ce lieu je suis perdue ;
Je répandais quelques pleurs
Et je tremblais à ta venue. —

— Viens, suis-moi, ne rougis pas ;
Que crains-tu fille timide ? —
Pour soutien voici mon bras ;
Jusqu'au bourg je suis ton guide.

Elle suivit le pasteur
Confiante et rassurée,

Et peut-être au fond du cœur
Aise de s'être égarée.

1871.

J'ENTREVOYAIS JADIS UN AVENIR HEUREUX

J'entrevoyais jadis un avenir heureux,
Je me berçais d'espoir et de rêves nombreux :
Nos songes les plus doux ne sont que des chimères
Et nos illusions sont toutes éphémères !

Qui donc a pu remplir le vide de son cœur ?
Triste réalité tu viens d'un air moqueur
Souffler sur nos projets, déjouer l'espérance
Et dépouiller les faits de leur vaine apparence.

Qui donc a jamais dit : « Je n'ai plus un désir,
« De tout ce que je vois je ne veux rien saisir,
« Je ne souhaite rien, à nul je ne porte envie,
« Mes vœux sont tous comblés, mon âme est assouvie...»

Qu'est-ce que le bonheur ? — Rien. Une fiction !
Tristes jouets de notre imagination,
Partout nous l'épions d'un œil insatiable,
Nous le sentons partout furtif, insaisissable.

Nous devinons la route et ne la trouvons pas !
Plus nous le pressentons plus s'égarent nos pas !
Comme le feu follet, il fuit dans la nuit sombre,
Nous croyons le saisir et ne tenons qu'une ombre!...

Hélas ! faut-il ainsi de tout désespérer ?
Autour de l'idéal faut-il toujours errer ?
De nos rêves menteurs où donc trouver la source ?
Ne vaudrait-il pas mieux suspendre notre course ?

Hélas ! cela n'est pas même en notre pouvoir !
Il faut sentir, souffrir, voir et toujours revoir !
De douleurs bien souvent notre vie est brisée,
Mais a-t-on jamais vu l'espérance épuisée ?

Paris, 13 mai 1872.

LAISSEZ AUX PRÉS LA MARGUERITE

A UNE JEUNE FILLE.

Vous dont l'âme est sensible et dont le cœur est pur,
N'enlevez pas aux prés la blanche marguerite,
Laissez-la fièrement sourire au ciel d'azur
Et montrer sa corolle au zéphir qui l'agite.

N'avez-vous pas comme elle un attrait enchanteur ?
N'êtes-vous pas aussi la fille de la nature ?
Puisque des gazons verts elle est une parure,
Parure des salons, épargnez votre sœur.

Dans ce bouton, sur ces tiges tremblantes,
Ne voyez-vous rien qu'un objet coquet ?
Sous ces contours, sous ces formes brillantes
Ne voyez-vous qu'une fleur à bouquet ?

5.

En trouvant sous vos pas la marguerite éclose,
Vous dites : cueillons-la , c'est une fleur des champs ;
Vous parez votre sein et fredonnez des chants,
N'est-ce bien qu'une fleur, n'est-ce point autre chose ?

Oh ! dites, savez-vous ce qu'est la floraison,
Ce qui fait cet éclat et cette couleur douce ?
Croyez-vous qu'un hasard sur ces tapis la pousse,
Qu'un caprice du temps émaille ce gazon ?

Mais vous l'effeuillerez sans chercher le mystère
Pour que tant de fraîcheur, pour que tant de beauté,
Sortent coquettement d'un germe mis en terre,
Il suffit du printemps, il suffit de l'été.

Elle naît et grandit, se développe et brille.
Elle plait aux regards en s'étalant au jour.
Arrêtez votre main, arrêtez jeune fille,
Dans la fleur respectez les charmes de l'amour.

Respectez ce qu'en vous il vous plait qu'on respecte.
D'elle-même bientôt elle va se flétrir !
Caressez-la des yeux, chassez du doigt l'insecte
Qui dévore son sein et la fait dépérir.

De ce que vous rêvez cette fleur est l'emblême.
Contemplez-vous en elle ; en vos loisirs venez,
Venez en soupirant lui dire qui vous aime,
Et laissez-la briller si vous la comprenez.

N'êtes-vous pas aussi fille de la nature ?
Puisque des gazons verts elle est une parure.

Parure des salons épargnez votre sœur,
Et méritez l'amour en respectant la fleur.

Juin 1872.

EPARGNEZ LES OISEAUX

Epargnez, tous, les nids d'oiseaux,
Dans le mur, dans la cheminée,
Sous les buissons, sous les roseaux,
Sur la tige de fleurs ornée.

Laissez ceux qui les ont bâtis,
Qui tout le printemps les habitent,
Qui gazouillent et qui palpitent ;
Laissez les œufs et les petits,

Laissez le père qui console
Sa moitié par ses joyeux chants,
Qui surveille., qui va, qui vole,
Pour la nourrir fouillant les champs.

Laissez sa compagne fidèle
Qui, pour les fruits de leur amour.
Tremble la nuit, tremble le jour,
« Sa patience est un modèle. »

Puisqu'elle est mère, laissez la :
Qui protégerait la couvée
Si la mère était enlevée,
Si le père n'était plus là ?

Oubliez quelques fruits pris au bord de l'allée.
Quelques jaunes raisins sous le pampre enlevés,
Quelques épis de mil pillés dans la vallée,
Ou quelques grains d'hiver dans la terre trouvés.

Epargnez-les parce qu'ils chantent
Et qu'ils sont la gaité des bois,
Parce qu'ils charment, qu'ils enchantent,
Qu'ils animent les plus beaux mois,

Parce qu'aux brises attiédies
Ils livrent gaîment leurs couplets,
Sans eux et sans leurs mélodies
Les beaux jours du printemps ne seraient pas complets.

15 juin 1872

L'AMI

PORTRAIT

Triste de mes chagrins, souffrant de mes douleurs,
A mes pleurs unissant ses pleurs,
Ranimant dans mon sein l'espérance ébranlée,
Consolant mon âme troublée,

Comprenant mes soucis, ressentant mon émoi,
Ainsi qu'à lui pensant à moi,
Effaçant mes ennuis avec une caresse,
M'enveloppant de sa tendresse,

De ma joie enivré, de ma gaîté joyeux,
    De mes quelques bonheurs heureux,
De mes illusions partageant les mensonges,
    Ainsi que moi faisant mes songes...

Excusant mes défauts et nombreux et divers,
    Corrigeant même mes travers ;
Devant tous et toujours essayant ma défense,
    Me pardonnant jusqu'à l'offense,

Le sourire à la lèvre accueillant mes désirs,
    Point envieux de mes plaisirs,
De sa bouche écartant l'amère raillerie
    De fiel et d'ironie aigrie,

Soucieux de me plaire, épiant mes besoins,
    Me prodiguant son temps, ses soins,
Ne calculant pour moi ni les heures qui passent,
    Ni les dérangements qui lassent,

Prévoyant mes dangers, me conseillant le bien,
    (Surtout de moi jaloux en rien,)
Faisant mon cœur son cœur et mon âme son âme,
    Double lien, unique flamme.

Ce portrait idéal, fruit de mes songes d'or,
    Je le garde, comme un trésor,
Pour le réaliser, s'il est réalisable.
    Le saisir, s'il est saisissable.

Juin 1372

LA PENSÉE

A MADEMOISELLE ***

Douce plante, modeste fleur,
Ornement du jardin, pensée,
Va-t-en dans un feuillet placée
Garder ta forme et ta couleur.

Du parterre tu fus la joie ;
Là, tu charmas plus d'un regard ;
Tu'serais morte tôt ou tard
Sans moi qui te pris et t'envoie.

Sur ta tige rapidement,
Au jour, tu te serais flétrie,
Et près de toi ta sœur fleurie
Se fut élancée hardiment.

Entre les pages d'un beau livre
Va-t-en porter mon souvenir ;
Que rien ne te vienne ternir ;
Mourir ainsi vaut mieux que vivre.

O fleur, à ce que l'homme écrit,
Mêle un parfum de la nature ;
De ton éclat, de ta parure,
Orne la phrase qu'il inscrit.

Décore l'œuvre du génie
Qui grandit en s'éternisant ;

Qu'on te contemple en la lisant,
Harmonie avec harmonie.

Où tu t'en vas, parle de moi,
Parle de moi dans ton langage.
O fleur reste à la même page,
Reste pour dire : souviens-toi.

Va-t'en pensée, et sois l'emblème
De mes serments, de mes amours.
Qu'elle dise : « J'aime toujours »
En te voyant toujours la même.

Paris, 5 juillet 1872.

UNE HEURE A MA FENÊTRE

Le soir j'aime à passer une heure à ma fenêtre,
A poser sur ma main ma tête indolemment,
A regarder la lune ou l'étoile paraître,
A voir la foule en bas s'écouler lentement.

Je songe aux passants de la rue :
Plus d'un hâte le pas, joyeux,
Joyeux de la nuit apparue
Et de l'astre qui brille aux cieux.

Il retourne au logis où sa femme et sa fille
D'un simple et doux bonsoir accueillent son retour,
Où la franche gaîté d'un souper de famille
Va lui faire oublier ses fatigues du jour.

De ses petits enfants il sent déjà l'étreinte ,
Il comprend leur babil, il rit de leurs propos ;
Son front n'est obscurci de souci ni de crainte,
Il quitte son labeur et trouve le repos.

Son cœur bat de tendresse et son âme est ravie :
La famille est pour lui sa joie et son espoir ;
Pour elle est son travail et pour elle sa vie,
Et des baisers des siens il est heureux le soir.

D'autres, ce ne sont pas peut-être les plus rares,
Vont, l'âme soucieuse, à pas lents, l'œil rêveur ;
Nos cités de ceux-là n'en sont jamais avares ;
De souffrances, hélas ! combien pour un bonheur ?

Des larmes au sourire a-t-on sondé l'abîme ?
A-t-on fouillé dans l'ombre où l'âme se flétrit ?
A-t-on scruté le gouffre inspirateur du crime ?
Où l'innocence pauvre et succombe et périt ?

Dans l'ivresse plus d'un cherche l'oubli des peines ;
Il se traîne, il chancelle, il trébuche en passant ;
Il voulut s'étourdir avec des coupes pleines,
Mais pour noyer le cœur le vin est impuissant.

Hurlant de vieux refrains ou des airs d'Italie
Les chanteurs ambulants inondent la cité.
Etrangers la plupart, des nations la lie,
Inutile troupeau nourri d'oisiveté.

Je vois d'un pas léger venir la fiancée ;
C'est l'heure des retours, l'heure des rendez-vous.

Elle court. Elle va, par son cœur devancée,
Vers l'entretien à deux si rapide et si doux !

Plus d'un couple rêveur et soupire et circule,
Savourant le présent, de l'existence heureux,
Promenant son bonheur ; parfois au crépuscule
Confiant un larçin de baisers d'amoureux.

Le tambour retentit et le clairon résonne,
L'écho les répercute, allons ! pressez le pas,
Soldats, à vos quartiers ! la retraite au loin sonne ;
La discipline est là qui ne pardonne pas,

Le café se remplit, demeure hospitalière,
Le bourgeois pour causer, boire et fumer s'y rend ;
D'ici je vois mousser le champagne et la bière,
Et le journal distrait l'oisif indifférent.

Le théâtre reçoit la foule curieuse :
Honnête passe temps où le génie et l'art
Alimentent la joie et la gaîté rieuse,
Et de larmes parfois humectent le regard.

Plus d'un a conservé dans ce siècle sceptique
Ses principes, sa foi, ses croyances en Dieu :
Ceux-là vont murmurer, selon l'usage antique,
Une chaste prière à l'ombre du saint lieu.

Chacun différemment jouit de la soirée,
Les passants affairés heurtent les promeneurs.
Partout de feux épars la ville est éclairée,
Et l'heure frappe en vain l'oreille des flaneurs.

Et moi silencieux, les gravant dans ma tête,
J'écoute s'envoler ces mille bruits divers,
Les gémissements sourds, et les chansons de fête,
Et le cri des souffrants par les heureux couverts.

La brise qui fraîchit, passe, court et m'effleure,
Avec elle en mon sein glisse la volupté ;
Mes rêves les plus doux je les fais à cette heure ;
Et gaîment je les suis vers un monde enchanté.

Dans un vague charmant mon esprit se repose
Entre un tableau vivant et le songe vermeil.
Tout s'apaise et s'éteint, ma paupière est mi-close,
Et je vais doucement de l'extase au sommeil.

Paris, juillet 1872.

LE COQUILLAGE.

Près de ce vase de fleurs
Reste sur ma cheminée,
Coquille aux mille couleurs
Par les vagues amenée.

Soupire le bruit des mers
Aux fleurettes tes compagnes,
Tout bas chante les flots amers
Aux filles de nos campagnes,

Et de l'océan lointain
Chuchotte la voix sonore.

Là-bas quel fut ton destin ?
Tu sais ce que l'homme ignore.

Tu connais les profondeurs
Que notre œil jamais ne sonde :
Raconte-nous les splendeurs
Des trésors cachés sous l'onde.

D'un toit dur comme l'airain
Tu couvris un corps fragile.
A quel insecte marin
As-tu servi d'humble asile.

Vit-il un siècle, vit-il un jour,
S'éteint-il au bout d'une heure ?
Sent-il des peines d'amour ?
A-t-il un œil qui les pleure ?

Conçoit-il de vains désirs ?
Peut-il savourer la joie,
Et s'enivrer de plaisirs ?...
D'un poisson fut-il la proie ?

D'où lui vinrent les dangers,
Des vagues ou des rivages ?
S'accrochait-il aux rochers
Où vivait-il sur des plages ?

Mais ton soupir éternel
Ne dévoile à mon oreille
Qu'un murmure solennel,
Qu'une voix triste et pareille

A celle des bois touffus ;
Ta plainte ne me révèle
Qu'un gémissement confus
Que la brise renouvelle,

Et qui peut changer d'accents
Au gré de ma fantaisie,
Qu'anime la poésie
Et qui dit ce que je sens.

Savennières, 7 septembre 1872

PATIENCE.

Patience est le mot qui contient l'avenir,
Qui brave les douleurs, qui brave les alarmes,
Qui chasse les regrets, qui surmonte les larmes,
Patience est le mot que chacun doit bénir,
Patience est le mot qui créa le génie,
Qui rend l'homme immortel, qui fait un peuple grand.
Heureux qui le médite, heureux qui le comprend,
Car si le mot est grand l'idée est infinie.

Faire un rêve c'est doux, faire un rêve c'est beau ;
Mais appliquer ce rêve est plus sublime encore :
De charmes, de grandeurs notre esprit le décore,
Il éclate à nos yeux comme un brillant flambeau,
Il attire, il séduit, il enchante, il inspire !
Le cœur est palpitant de fébriles ardeurs ;
Quand il est bouillonnant dans notre âme en délire,
Qu'il contient de beautés, qu'il contient de splendeurs !

Mais à quoi sert le rêve, à quoi sert la pensée,
A quoi sert l'idéal s'il reste inaccompli,
Dans l'âme fruit mort-né s'il reste enseveli,
Et du monde réel si l'idée est chassée ?
Combien ont réfléchi, combien ont médité,
Combien ont enfanté de brillantes chimères,
Inutiles comme eux et comme eux éphémères ?
De songes grands et beaux combien ont avorté ?
Certes plus d'un rêveur eut talent et science,
Beaucoup furent doués de l'esprit qui conçoit,
Qui devine, qui voit et même qui prévoit ;
Mais combien en est-il doués de patience ?

Sans elle, le bouton dessèche sans fleurir,
Sans mouiller, la rosée au soleil s'évapore,
Au nid l'oiseau dans l'œuf s'éteint avant d'éclore,
Et sur l'arbre le fruit tombe avant de mûrir.
Sans elle, redoutez le départ et l'absence,
Craignez le désespoir, craignez l'adversité...
Sans elle, tout labeur est marqué d'impuissance,
Toute peine est vouée à la stérilité.
Sans elle tout est vide, et le penseur n'enfante
Que pour rendre au néant son enfantement vain,
Inutile travail du sens le plus divin,
Qui filtre comme l'eau d'un vase par la fente.
Sans elle, tout s'éteint. Le mot que nous lançons
Retombe dans l'oubli, balle au hasard perdue,
Poussière du chemin par le vent répandue.
Sans elle, nos guérets auraient-ils des moissons ?
Colomb, sans elle, eut-il trouvé le nouveau monde?
Newton eut-il surpris les lois de l'univers ?

C'est de douleurs et de revers
Qu'il faut payer le bien qui germe et qui féconde.

Patience est le mot de la fécondité,
C'est le souffle du monde et sa vitalité,
C'est le mot éternel qui contient toute chose,
C'est lui, le mot qui fait qu'on ne recule pas,
Qui pousse l'univers en avant pas à pas
Et qui de tout progrès est la secrète cause.

Paris, juillet 1872.

TABLE

Rennes, imp G. Bonneton, place de l'Hôtel-de-Ville
Maison à Paris, rue Sainte-Foy. 18.

Roanne. — Imp. G. BONNETON, Maison à Paris, rue Ste-Foy, 18.

www.ingramcontent.com/pod-product-compliance
Lightning Source LLC
Chambersburg PA
CBHW060641100426
42744CB00008B/1719